CATALOGUE

D'UNE

IMPORTANTE RÉUNION

DE

VASES ET USTENSILES

DU CULTE CATHOLIQUE

TELS QUE

Croix, Reliquaires de diverses formes, Calices, Burettes et autre Argenterie
du XIVe au XVIIIe siècle, la plupart ciselés et enrichis de Pierreries,
de Manuscrits et Livres du XIIe au XVIIIe siècle, ainsi que
des Tableaux, Sculptures en bois ou ivoire, etc.,

PROVENANT DES ÉGLISES ET MONASTÈRES SUPPRIMÉS DE LA SUISSE,

DONT LA VENTE AURA LIEU

Les Lundi 10 et Mardi 11 Mars 1851, heure de midi,

RUE DES JEUNEURS, 42,

SALLE N° 2,

Par le ministère de Me **BONNEFONS DE LAVIALLE**, Commissaire-Priseur, rue de Choiseul, 11.
Assisté de M. **ROUSSEL**, Expert, rue du Dragon, 33.

Chez lesquels se distribue le présent Catalogue.

EXPOSITION PUBLIQUE

Les Samedi 8 et Dimanche 9 Mars 1851, de midi à quatre heures.

PARIS

IMPRIMERIE ET LITHOGRAPHIE MAULDE ET RENOU,
RUE BAILLEUL, 9 ET 11, PRÈS DU LOUVRE.

1851

CATALOGUE

D'UNE

IMPORTANTE RÉUNION

DE

VASES ET USTENSILES

DU CULTE CATHOLIQUE

TELS QUE

Croix, Reliquaires de diverses formes, Calices, Burettes et autre Argenterie du XIVe au XVIIIe siècle, la plupart ciselés et enrichis de Pierreries, de Manuscrits et Livres de Chœur du XIIe au XVIIIe siècle, ainsi que des Tableaux, Sculptures en bois ou ivoire, etc., provenant des Églises et Monastères supprimés de la Suisse,

DONT LA VENTE AURA LIEU

Les Lundi 10 et Mardi 11 Mars 1851, heure de midi,

RUE DES JEUNEURS, 42,
SALLE N° 2,

Par le ministère de Me **BONNEFONS DE LAVIALLE**, Commissaire-Priseur, rue de Choiseul, 11,

Assisté de M. **ROUSSEL**, Expert, rue du Dragon, 33.

Chez lesquels se distribue le présent Catalogue.

EXPOSITION PUBLIQUE

Les Samedi 8 et Dimanche 9 Mars 1851, de midi à quatre heures.

PARIS

IMPRIMERIE ET LITHOGRAPHIE MAULDE ET RENOU,
RUE BAILLEUL, 9 ET 11, PRÈS DU LOUVRE.

1851

AVERTISSEMENT.

Les vases et ustensiles sacrés décrits dans ce catalogue ont été enlevés au culte par suite des troubles politiques de la Suisse et de la guerre du Sunderbund. Remarquables, quelques-uns par leur âge, et presque tous sous le rapport de l'art, il eût été regrettable, ne fût-ce qu'à ce point de vue, d'en laisser consommer la destruction : nous avons préféré les acheter ; persuadés que les amateurs y trouveront à satisfaire leur goût, et que les églises de France saisiront cette occasion d'acquérir des objets dont la fabrication, sinon impossible, au moins très-difficile à établir aujourd'hui avec le même degré de supériorité, exigerait toujours d'énormes dépenses.

DÉSIGNATION
DES OBJETS

1 — Très belle croix d'autel, en argent doré, du commencement du XIV⁰ siècle. La face antérieure, celle qui porte le Christ, est entièrement décorée de feuillages à jour, au travers desquels se jouent de petits animaux (lions et aigles alternés), que nous croyons être emblématiques; des cabochons d'améthystes, de grenats, et des pierres gravées antiques enrichissent encore ce fond déjà si orné. La face opposée, couverte de filigrane également enrichi d'améthystes et de cristaux de roche, présente au centre les figures symboliques des quatre évangélistes, et au bas le double écusson des armes du donataire.

Destinée dans l'origine à être fichée sur le gradin de l'autel, cette croix a été mise sur un pied de bois noir, garni d'appliques en argent découpé à jour, de travail plus récent. — Hauteur 56 cent., larg. 42 cent., sans la base.

2 — Autre belle croix d'autel également sans base et de même matière, appartenant, pour le style, au commencement du XVI⁰ siècle. Entièrement couverte de lames d'argent ornées d'élégantes arabesques, elle représente, dans les deux épattements de ses branches transversales, les Evangélistes saint Luc et saint Marc, finement ciselés et dorés; tout auprès, à droite et à gauche du Christ, sont les figures de l'Annonciation, placées sous des tabernacles d'architecture gothique. Un tabernacle du même genre, situé au-dessus de la tête du Christ, sert de couronnement à une excavation qui contenait autrefois du bois de la vraie croix, et une pareille cavité, fermée par une porte de filigrane et surmontée également d'un tabernacle, se remarque au-dessous de ses pieds: tous les espaces intermédiaires sont garnis de pierreries fausses, richement montées. La face postérieure de la croix, décorée de la même manière, contient, dans les trois épattements supérieurs, les figures de la Vierge, de saint Sébastien et d'une sainte qui nous est inconnue; au centre, une petite croix en cristaux de roche richement enchâssés d'or, et à la base, des armoiries surmontées de la crosse et de la mitre, et entourées d'une inscription allemande, qui nous apprend que G. Tschudi, abbé de Creuczlingen, fit autrefois don de ce joyau à sa communauté.

Un pied en bois noir, couvert d'appliques en argent et formant reliquaire à l'intérieur, y a été également adapté dans le siècle dernier. — Haut. 63 cent., larg 43 cent.

3 — Croix avec pied, en argent doré et ciselé de style Louis XV. Les quatre extrémités des branches sont ornées de peintures en or et en couleur, fixées sous du cristal de roche ; elles représentent la Vierge, l'*Ecce-Homo*, la Sainte-Face et l'Agneau pascal. Un médaillon du même genre, renfermant du bois de la vraie croix, occupe le centre ; le reste est enrichi de grenats. Le pied de la croix présente des armoiries abbatiales peintes sur émail de Saxe. — Haut. 71 c., larg. 7 cent.

4 — Grande croix d'autel en argent, travail du XVIIIe siècle. De chaque côté de la croix et sur la base, sont les figures de saint Jean et de la Vierge, dans l'attitude de la douleur, le tout d'argent et de ronde-bosse. Sur le devant de cette même base, est une ouverture entourée d'un ornement de feuillages entremêlés de rubis et de diamants ; cette ouverture, fermée par une glace, laisse voir des reliques de saint Albéric et de saint Etienne, sur un fond de filigrane d'orfèvrerie rehaussé d'émeraudes et de perles fines. Une plaque de cuivre doré, qui couvre le derrière de la base, porte des armoiries et la date de 1780.

Ce monument, d'un bel aspect et d'un bon travail, provient de l'Abbaye de Muri, près de Lucerne ; un procès-verbal, signé du P. Fr. Trouvé, alors général de l'ordre de Citeaux, atteste l'authenticité des reliques. — Haut. 103 cent., larg. 45 cent.

5 — Croix en cristal de roche de plusieurs pièces, montée en argent ciselé, de l'époque de Louis XIV. La base, également en argent, enrichie de ciselures, contient quatre panneaux en cristal de roche formant autant de tiroirs destinés à contenir des reliques. Cette croix provient encore de Muri. — Haut. 92 cent., larg. 32 cent.

6 — Autre croix en cristal de roche noir, de plusieurs pièces, montée en argent ciselé. La face antérieure, celle où est le Christ, représente les Evangélistes en bas-reliefs dorés et de riches garnitures ciselées à jour. Un décor analogue existe sur la face opposée, dont le centre est occupé par un médaillon de cristal, derrière lequel on aperçoit des reliques.

Au-dessous de la base de cristal de cette belle croix, existe un pied en bois noir, enrichi d'appliques en argent repoussé et d'une claire-voie de même métal, recouvrant des reliques entremêlées de perles fines ; sur l'acrotère de ce pied sont des armoiries émaillées. Elle provient de l'Abbaye de Rathausen. — Haut. 107 cent., larg. 55 cent.

7 — Jolie petite croix en cristal de roche, garnie d'argent doré, et du commencement du XVIe siècle. La face antérieure, en outre celle du Christ, de très beau style, représente les quatre symboles accompagnés des noms des Evangélistes. La base, en argent doré et de forme hexagonale, est enrichie de belles gravures et d'arabesques en relief de style gothique. — Haut. 47 cent., larg. 22 cent.

8 — Autre croix en cristal de roche, garnie d'argent doré et du XVe siècle. La face antérieure offre le Christ et les symboles des Evangélistes saint Mathieu, saint Marc et saint Luc. Le pied, partie cristal et partie argent doré, est de forme octogone. Elle provient de l'Abbaye de Frauenfeld. — Haut. 37 cent., larg. 26 cent.

9 — Grande croix en bois noir avec Christ en argent repoussé ; la base, ornée d'appliques en argent, est décorée sur le devant d'un bas-relief également repoussé, représentant le Spasimo. Travail du XVIIe siècle. — Haut. 163 cent., larg. 55 cent.

10 — Croix en bois noir avec Christ en argent repoussé ; le pied, orné d'appliques en argent ciselé, offre, sur la face antérieure, une claire-voie derrière laquelle sont des reliques. — Hauteur 120 cent., larg. 39 cent.

11 — Croix en bois noir avec Christ en argent et appliques de même métal aux épattements des branches ; la base, qui présente une cavité autrefois garnie de reliques, est ornée de petites appliques d'argent. — Haut. 107 cent., larg. 45 cent.

12 — Croix en bois noir avec socle sans ornements ; le Christ, en argent, est d'un bon modèle italien du XVIe siècle. — Haut. 74 cent., larg. 23 cent.

13 — Autre croix en bois noir avec appliques en argent et Christ en ivoire ; le socle est également décoré d'appliques. Travail du XVIIIe siècle. Haut. 120 cent., larg. 43 cent.

14 — Grande et belle croix avec base, le tout en argent repoussé au marteau et de travail moderne ; les ornements également repoussés sur pièce, sont d'un bon style. — Haut.
Poids 17 kilog. 720 gr., compris une tringle de fer qui passe dans la hauteur de la croix.

15 — Grande et belle Vierge, en argent repoussé et doré en partie. Sa tête, chargée d'une couronne royale, est entourée d'une auréole d'étoiles, et ses pieds reposent sur un globe de cuivre doré, autour duquel s'enroule un serpent ; l'Enfant-Jésus tient une haste surmontée d'une croix, de l'extrémité de laquelle il perce la tête du serpent. Cette statue, d'une dimension peu commune, est encore remarquable par l'élégance du dessin et la richesse des draperies ; un fond radié, sur lequel elle se détache dans toute sa hauteur, produit le plus bel effet, l'ensemble est supporté par un socle d'ébène enrichi d'appliques en argent ciselé. — Haut. 150 cent.

16 — Grand ostensoir d'argent doré, formé d'une guirlande de vigne et d'épis, au centre de laquelle est un nuage entourant la vitrine, au sommet duquel est représenté Dieu le Père et au bas le Saint-Esprit. Le pied de même matière est richement ciselé.
Cet ostensoir, enrichi de 32 roses, repose sur un socle en bois noir, revêtu d'appliques en argent, de haut-relief, et surmonté d'une riche auréole de nuages et de rayons d'argent doré, destinés à faire un fond à l'ostensoir. Cette auréole ainsi que la base sont à double face et peuvent être vues de derrière l'autel. — Hauteur, sans la base, 102 cent., ensemble 160 cent.

17 — Chef ou reliquaire en forme de buste, de grandeur naturelle, en argent doré en partie, et du commencement du XVIe siècle, destiné à contenir des reliques de saint Bernard. Le Saint, couronné d'un nimbe, est vêtu d'une chape sur l'orfroi de laquelle on lit ces mots : *Ursus graf von Solotorn, 1519*, gravés sur un fond d'arabesques. Ce buste est supporté par une base octogone partie en argent et partie en cuivre doré, sur la corniche de laquelle on lit encore cette inscription : *Ductile metallo hoc munus pat... ...at abbas Erhardus Promtulus ecce tibi Papa Leo decimus fidei dum flectit habenas e populo Christi munera grata Deo*. Sur les huit faces de cette base, on a gravé, sur argent, quatorze sujets représentant la vie et les miracles du Saint, avec des inscriptions explicatives dans les cintres qui les surmontent. Au-dessus

règne une galerie de feuillages allemands de cette époque, fort bien exécutés; des rosaces du même genre ornent les bords de la chape. Ce curieux reliquaire provient de l'abbaye de Rathausen. — Haut. 67 cent., larg. 52 cent.

18 — Autre chef également en argent, un peu moins grand que nature, et représentant saint Urbain (le Pape Urbain II) dont il contient des reliques. Il repose, ainsi que le précédent, sur une base octogone en argent et cuivre doré, enrichie d'arabesques. Sur le devant est un écusson émaillé aux armes de l'abbaye. — Haut. 72 cent.

Ce chef, qui appartient à l'époque de Louis XIII, a été placé sur un socle de bois noir pareil à celui du précédent.

19 — Buste à mi-corps en argent, partie doré et de grandeur un peu au-dessous de nature, coiffé de la mitre et tenant le bâton pastoral, représentant saint-Udalric. Le fermail de sa chape, ainsi que la croix pectorale qui y est suspendue et la rosace de la mitre, sont ornés de pierreries.

Ce buste ou chef, d'un excellent travail italien du XVIIe siècle, repose, comme les précédents, sur un socle en bois noir, enrichi d'appliques d'argent, et contenant les reliques du Saint. — Hauteur, sans le soubassement de bois, 75 cent., totale 125.

20 — Autre buste faisant pendant au précédent, et par le même artiste, représentant saint Augustin, dont il contient aussi les reliques. — Mêmes dimensions.

21 — Reliquaire ou écrin en bois noir, enrichi d'appliques en argent ciselé; la face divisée en trois compartiments, par des colonnes torses, est garnie de vitrines renfermant les reliques de plusieurs saints, parmi lesquelles le chef ou crâne de saint Eusèbe occupe la place principale. Ces reliques sont richement entourées de filigranes d'orfévrerie entremêlés de perles et de pierreries. Sur le couronnement du reliquaire, on lit, en grandes lettres d'argent: *Sancti Eusebii martyris*. Travail du XVIIe siècle. — Haut. 70 cent., larg. 65 cent.

22 — Autre reliquaire semblable et faisant pendant au précédent, contenant le chef de sainte Séraphine, ainsi que les reliques de beaucoup d'autres saints; une inscription d'argent se lit également au haut du reliquaire. — Mêmes dimensions.

23 — Autre reliquaire du même genre et de la même époque, mais à colonnes droites; il contient le crâne de sainte Placide, orné d'une couronne à laquelle est attaché un petit bijou d'or et des pierreries de la fin du XVIe siècle. Ce chef est entouré, comme dans les précédents, de filigranes, de perles, de pierreries et des reliques de beaucoup d'autres saints. — Haut. 72 cent., larg. 67 cent.

24 — Autre reliquaire, pendant du précédent et du même décors; il renferme le crâne de l'une des onze mille Vierges au milieu de beaucoup d'autres reliques. — Mêmes dimensions.

25 — Grande et belle crosse abbatiale en argent doré, de l'époque de Louis XIII; le centre de la volute est occupé, sur une des faces, par la Vierge couronnée et radiée, et sur l'autre par la figure de saint Bernard; le reste est orné de filigranes, le nœud de la crosse porte des armoiries, la hampe est entièrement en argent. — Haut. 204 cent.

26 — Autre crosse également en argent et de style rocaille; la volute enrichie de ciselures et de pierreries, présente aussi une figure à mi-corps sur chacune de ses faces; le nœud porte aussi des armes. — Haut. 190 cent.

27 — Autre crosse en cuivre doré et décorée de pierreries; bien que de la fin du XVIe siècle, elle conserve encore, comme beaucoup d'ouvrages allemands, le style gothique; le centre de la volute représente la Vierge sortant à mi-corps d'une fleur, la hampe est en bois noir. — Haut. 170 cent.

28 — Aigle ou lutrin de chœur en cuivre poli et d'une forme élégante; il présente aussi des armoiries abbatiales. — Haut. 150 cent.

29 — Très belle lampe de suspension à six lumières, en argent repoussé et ciselé, appliqué sur une vasque en cuivre doré; les branches sont formées par des cariatides d'anges tenant des patères en forme de cornes d'abondance. Dans le pendentif sont trois écussons d'armoiries sur émail de Saxe. Travail du XVIIe siècle. — Haut. 160 cent., diamètre 51 cent.

30 — Lampe de suspension également en argent repoussé et ciselé, de beau travail et de la fin du règne de Louis XIV. Les chaînes se rattachent à la lampe par trois têtes d'anges de ronde-bosse. — Haut. 115 cent., diam. 36 cent.

31 — Lampe de suspension en argent, de l'époque de Louis XVI; les chaînes tiennent à la lampe par de grosses consoles. — Haut. 155 cent., diam. 36 cent.

32 — Autre lampe de même genre et matière, de style rocaille. — Haut. 123 cent., diam. 44 cent.

33 — Autre lampe en argent à peu près pareille à celle no 31. — Haut. 130 cent. diam. 26 cent.

34 — Quatre chandeliers d'autel, en argent repoussé et ciselé, de l'époque de Louis XIII; ils joignent à un profil aussi svelte qu'élégant, une grande richesse d'ornementation. — Haut. 108 cent.

35 — Grand bassin d'argent, de forme ovale, repoussé, ciselé et en partie doré, d'une très riche ornementation; un grand bas-relief, qui occupe le centre, nous paraît représenter Enée au moment où il vient de débarquer à Carthage et où il est accueilli par Didon. Le bord est décoré d'une guirlande de fruits, interrompue par des médaillons qui contiennent les Saisons. — Longueur 70 cent., larg. 62 cent.

36 — Très belle aiguière avec bassin, d'argent en partie doré; de riches gravures, sujets et ornements décorent les champs du hanap et du plat; le reste est orné de gaudrons et de moulures repoussées, d'un excellent goût; travail de la fin du règne de Louis XIII. — Hauteur de l'aiguière 23 cent., diamètre du bassin 48 cent.

37 — Autre aiguière avec bassin à ombilic, en argent doré, de l'époque de Louis XIV; les ciselures au repoussé sont d'une exécution parfaite et du plus bel effet. — Haut. 29 cent., diamètre du plat 53 cent.

38 — Bassin d'argent pour l'ordination des évêques ; le fond repoussé en bossages rayonnants, dans le style allemand, offre un ombilic chargé d'armoiries abbatiales, autrefois émaillées, et la date de 1508. — Diamètre 36 cent.

39 — Burettes en vermeil avec plat, de l'époque de Louis XIV. La ciselure, exécutée au repoussé, en est fort belle ; de petits anges, placés dans les bords du plat, tiennent des raisins et des épis, emblèmes des saintes espèces. Haut. 14 cent., long. du plat 34 cent.

40 — Autres burettes avec plat, également en vermeil, et de l'époque de Louis XIII ; le décor qui consiste en feuillages, fleurs et fruits, est très bien exécuté ; le plat porte des armoiries. Hauteur 14 cent., long. du plat, 32 cent.

41 — Autres burettes avec plat, en vermeil, de l'époque de Louis XVI ; elles sont également ciselées avec beaucoup de finesse. — Haut. 13 cent., long du plat, 25 cent.

42 — Autres burettes avec plat, en argent repoussé, de l'époque de Louis XIV. Elles sont ornées d'enroulements et de fleurs ; au centre du plateau sont des armoiries. — Hauteur 12 cent. long. 29 cent.

43 — Autres burettes en argent, d'époque récente et sans ornements.

44 — Grand calice de vermeil repoussé et ciselé, de l'époque de Louis XIII ; l'ornementation, formée d'entrelacs et de feuillage allemands de très bon style et d'une exécution parfaite, est entremêlée de têtes de chérubins de ronde-bosse et de médaillons d'émail de Saxe, représentant des sujets pieux, peints avec beaucoup de finesse. — Haut. 25 cent.

45 — Autre grand calice en vermeil, de l'époque de Louis XV ; il est également décoré de six émaux de Saxe à sujets pieux, avec entourage de grenats, sur un fond ciselé dans le style rocaille. Sous le pied sont des armoiries. — Haut. 28 cent.

46 — Autre calice en vermeil, décoré de têtes de chérubins et de rinceaux repoussés et ciselés, ainsi que de six émaux de Saxe représentant des sujets pieux également entourés de grenats. — Haut. 25 cent.

47 — Autre calice en vermeil avec ornements repoussés, et médaillons d'émail du même genre. — Haut. 26 cent.

48 — Autre calice semblable ; l'un des médaillons porte des armoiries. — Hauteur, 27 cent.

49 — Autre calice de vermeil, avec de semblables émaux. Le fond du calice est orné d'arabesques d'une belle gravure. — Haut. 26 cent.

50 — Autre calice de vermeil avec fond de feuillages allemands, ciselés et repoussés de très beau travail ; il est également enrichi de six émaux de Saxe, et porte des armoiries sous le pied. — Haut. 27 cent.

51 — Autre calice de vermeil, repoussé et ciselé, avec médaillons d'émail, dont l'un est armorié. — Haut. 28 cent.

52 — Autre calice en vermeil, du commencement du règne de Louis XIV, d'une ornementation analogue à celle du précédent, mais avec médaillons d'argent non doré, représentant des saints à mi-corps et quelques pierreries. — Haut. 26 cent.

53 — Autre calice de la même époque et d'une ornementation semblable, la ciselure en est exécutée avec une rare perfection. — Haut. 26 cent.

54 — Autre calice de vermeil repoussé et ciselé dans le style rocaille, et d'une grande richesse ; il présente des petits sujets de figures d'une délicatesse remarquable. — Hauteur, 29 cent.

55 — Autre calice en vermeil de la même époque, et d'une ornementation pareille. — Haut. 27 cent.

56 — Autre calice en vermeil du même genre, il contient de très jolis médaillons de sujets pieux, exécutés au repoussé. — Haut. 28 cent.

57 — Autre calice en vermeil de même époque et d'ornementation analogue, avec des armoiries sous le pied. — Haut. 28 cent.

58 — Autre calice en vermeil de style rocaille, mais sans sujets de figures, armoiries sous le pied. — Haut. 28 cent.

59 — Petit calice en vermeil avec ornements de style rocaille ; il porte un écusson d'armoiries sur la coupe. - - Haut. 14 cent.

60 — Une paire de burettes avec plateau d'argent non doré et de travail à peu près uni. — Poids.

61 — Grande aiguière en vermeil repoussée et ciselée à fruits et feuillages ; le pied est formé par un jeune chasseur armé d'une lance et soutenant sur sa tête la panse de l'aiguière, l'ensemble est d'un bel effet. — Haut. 46 cent.

62 — Autre aiguière en vermeil, forme de coquille ; un groupe, représentant l'enlèvement d'Europe, lui sert de pied. — Haut. 22 cent.

63 — Flacon en cristal de Bohême richement gravé, il est monté en vermeil ciselé. — Haut. 22 cent.

64 — Noix de cocotier sculptée sur trois faces représentant la parabole du bon Samaritain ; elle est montée en hanap avec du vermeil ciselé et repoussé de bon travail du XVIe siècle. — Haut. 29 cent.

65 — Clochette pour l'élévation, de forme singulière, en argent ciselé et repercé à jour ; quatre petites sonnettes de même métal placées à l'intérieur, servent à produire le son.

66 — Bas-relief en argent repoussé, de l'époque de Louis XIV, représentant la Conversion de saint Paul. — Haut. 16 cent., larg. 23 cent.

67 — Croix d'autel, sans base, en argent partie doré et de style rocaille ; des rayons partant du centre entourent le Christ. — Haut. 44 cent. larg. 33 cent.

68 — Très bel ostensoir d'argent doré, de l'époque de Louis XIII et de la plus riche composition ;

une guirlande d'épis entremêlés de feuillages et de fleurs émaillés sur or et enrichis de saphirs, de rubis, d'émeraudes, de grenats, d'hyacinthes, diamants et perles fines, entoure la vitrine, à droite et à gauche de laquelle sont deux figures de saints agenouillés, dont l'un paraît être saint Georges, à en juger par l'armure dont elle est revêtue et par le dragon qui l'accompagne; au-dessous est un très joli groupe de trois figures d'or émaillé, représentant le Couronnement de la Vierge, et plus bas un pélican sur son nid, de même matière; enfin, une couronne royale enrichie de pierreries et soutenue par deux anges également d'or émaillé, forme le sommet de l'ostensoir dont le pied repoussé et ciselé est orné aussi de pierreries et présente des armoiries sur émail. Nous oublions de dire que le décor est aussi riche sur l'autre face. — Haut. 65 cent.

69 — Grand ostensoir d'argent doré de très riche composition, formé de beaux enroulements de feuillages parmi lesquels de nombreuses figures d'anges portent les divers instruments de la Passion: le tout est enrichi de fleurs mobiles et de pendentifs de pierreries fausses entremêlées cependant de perles fines. La vitrine, en forme de cœur, est surmontée d'une riche couronne impériale, au-dessus de laquelle on voit Dieu le Père tenant la balance du jugement dernier, au-dessus encore et faisant sommet est un pélican et la couronne d'épines; au bas de l'ostensoir, un groupe représente le miracle de Cana.

Le pied, de forme ovale, est richement décoré d'appliques à jour et d'armoiries. — Hauteur 92 cent.

70 — Deux bras (reliquaires en forme de) d'argent repoussé et doré en partie, de grandeur un peu plus forte que nature, et tenant une palme de même métal; ils sont supportés par des bases en bois noir ornées d'appliques d'argent repoussé et armoirié; ces bases, ouvertes sur trois faces et garnies de vitrines, contiennent de nombreuses reliques entourées de filigrane d'orfèvrerie. — Haut. 125 cent.

71 — Bougeoir en argent de forme particulière; il est orné d'appliques en relief et porte des armoiries.

72 — Autre bougeoir en argent du même genre, plus moderne.

73 — Orceau ou bénitier avec goupillon, en argent orné de gaudrons et ciselé, XVIIe siècle. — Poids

74 — Petit bras de lumière en argent, décoré de feuillages allemands d'applique et d'un bel effet, époque de Louis XIII.

75 — Très grand crucifix d'ivoire du commencement du XVIIe siècle, sur croix en bois noir. — Hauteur à la tête, 64 cent.

76 — Belle chapelle ou retable d'ivoire à cinq volets et du XIVe siècle; sur le panneau du milieu est une grande Vierge assise en demi-relief et de très beau style; sur la tête de laquelle un ange vient poser une couronne. Les quatre volets adjacents représentent la Visitation, l'Annonciation, la Nativité, les Mages et la Présentation au Temple. Ce monument, d'un bel aspect et d'une dimension peu ordinaire, est bien conservé et porte encore de nombreuses traces de dorure. — Haut. 28 cent., larg. 26 cent.

77 — Vierge assise et de ronde-bosse, en ivoire et du XIVe siècle: les draperies sont habilement exécutées, et le siége sur lequel elle repose ne manque pas d'élégance.

78 — Autre Vierge en ivoire et debout sur un globe orné de têtes de chérubins et surmonté du croissant : travail espagnol du commencement du XVIIe siècle. — Haut. 20 cent.

79 — Autre Vierge d'ivoire de même travail et époque. — Haut. 19 cent.

80 — Baiser de paix en ivoire de forme ogivale et de travail vénitien.

81 — Bas-relief d'ivoire du XIIe siècle provenant d'une reliure de livre ; il représente le crucifiement avec la Vierge et saint Jean ; au-dessus sont les symboles des Évangélistes. — Haut. 17 cent.

82 — Petite châsse en ivoire garnie en cuivre doré du XIIIe siècle.

83 — Custode avec pied en cuivre doré du XIVe siècle. — Haut. 30 cent.

84 — Calice en cuivre et argent doré, XVe siècle. — Haut. 17 cent.

85 — Grande canette en ivoire et argent doré; elle représente une chasse au lion composée d'un grand nombre de figures et d'une riche exécution ; la monture, ornée d'entrelacs et de mascarons, est surmontée d'un groupe en même métal. — Haut. 36 cent.

86 — Six petits chandeliers d'autel en cuivre doré de la fin du siècle dernier. — Haut. 30 cent.

87 — Monstrance en cuivre argenté du commencement du XVIe siècle. — Haut. 50 cent.

88 — Deux petits chandeliers d'autel en argent ciselé, de l'époque de Louis XVI ; ils sont armoiriés sur le pied. — Haut. 42 cent.

89 — Bel échiquier fermant, en bois incrusté d'ivoire gravé, XVIe siècle. — Diam. 38 cent.

90 — Petite peinture à l'huile représentant la Sainte-Face avec cadre semé de cabochons d'hyacinthes et de semences de perles, XVIIe siècle. — Haut. 18 cent. sur 26 de larg.

91 — Aiguière avec bassin en cuivre poli, fabrique d'Augsbourg. — Haut. 31 cent.

92 — Crucifix d'ivoire de l'époque de Louis XIV, sur une croix enrichie de coraux et de nacres sculptés avec une grande finesse, la base de même travail supporte deux anges d'ivoire déplorant la mort du Christ, et qui sont du plus beau fini, beaucoup d'ornements et de bas-reliefs exécutés avec des matières pareilles à celles de la croix donnent à ce socle un caractère de richesse difficile à décrire. — Hauteur 90 cent. Largeur 40 cent.

93 — Bénitier en émail de Limoges de Landin, représentant le petit saint Jean, avec entourage de pierreries. — Diam. 20 cent.

94 — Email de Limoges, grisaille rehaussée d'or représentant Jésus visitant les malades. — Hauteur 24 cent., larg. 21 cent., cadre en bois noir.

95 — Prie-Dieu de l'époque de Louis XIII, avec dossier en bois sculpté représentant le Christ en croix, la Vierge et saint Jean ; au-dessous est un triptyque d'émail de Limoges du commencement du XVIe siècle représentant une Descente de Croix. — Haut. 200 cent., larg. 75.

96 — Belle croix pectorale en or repercée à jour et ciselée, avec une délicatesse admirable; elle est enrichie de neuf émeraudes de bonne couleur et de dix-neuf petites roses. — Long. 12 cent., larg. 7 cent.

97 — Autre croix pectorale de la même époque en or et argent ciselée à jour; elle contient quatorze saphirs dont sept de grande dimension et bon nombre de petites roses. — Long. 10 cent., larg. 6 cent.

98 — Autre croix pectorale en argent d'époque et de travail analogues à la précédente; elle contient des reliques et est ornée de doublets imitant des hyacinthes. — Long. 12 cent., larg. 7 cent.

99 — Autre croix pectorale en argent du même genre, surmontée d'une bélière formant rosace; elle contient des doubles imitant des rubis, et les feuillages qui la décorent sont enrichis de petites roses et de diamants tables. — Long. 17 cent., larg. 7 cent.

100 — Autre croix pectorale en cristal de roche; les extrémités des branches sont garnies d'argent doré. — Long. 10 cent., larg. 7 cent.

101 — L'Assomption de la Vierge, sculpture d'ivoire du même travail et de la même richesse que le crucifix décrit sous le n° 92. Sur le socle qui supporte ce groupe l'artiste a représenté en relief la ville de Jérusalem. — Hauteur 60 cent. Largeur 60 cent.

102 — Boîte à reliques ronde et en cuivre doré et gravé; elle est suspendue à une chaîne d'argent doré; fin du XVI° siècle.

103 — Petite couronne de Vierge en argent doré et ciselé et de forme impériale; elle est surmontée d'un cercle d'étoiles et enrichie de grenats, d'émeraudes et de perles fines; époque de Louis XIII.

104 — Bague ornée d'une grande émeraude avec entourage de cailloux du Rhin.

105 — Autre bague avec un saphir entouré de roses.

106 — Autre bague avec saphir de couleur claire, taillé à huit pans.

107 — Autre bague avec un grenat et six roses; monture en or ciselé.

108 — Bague avec saphir triangulaire et deux roses; monture comme la précédente.

109 — Bague avec améthyste gravée en creux.

110 — Bague avec topaze du Brésil.

111 — Bague avec topaze jaune.

112 — Beau crucifix en ivoire, travail allemand du dernier siècle; l'artiste a réservé avec beaucoup d'art des gouttes de sang sur toute la surface du corps. — Haut. à la tête 30 cent.

113 — Baiser de paix en argent doré du milieu du XVI° siècle figurant un fronton supporté par deux colonnes de cristal de roche avec soubassement; le centre est occupé par une belle miniature de l'école d'Albert Durer représentant la Mère de Douleur; toute l'architecture de cette belle paix est enrichie d'appliques en or repercé et émaillé, posant sur des fonds également émaillés ainsi que de rubis et perles fines. — Haut. 21 cent., larg. 13 cent.

114 — Deux petites paix en nacre de perle sculptée, XVe siècle.

115 — Deux fonds de coupe en argent doré et repoussé de travail allemand du XVIe siècle représentant l'un les travaux de la moisson, l'autre un départ pour la chasse, chefs-d'œuvre de finesse et d'art. — Diam. 15 cent.

116 — Cinq mitres de diverses couleurs dont une très riche.

117 — Un voile pour le calice et un corporal en broderie d'or et de soie de la fin du XVIe siècle, d'une finesse d'exécution admirable.

118 — Missel manuscrit sur vélin, petit in-fol. du XVe siècle et de la plus grande fraîcheur; il contient six grandes miniatures et quatorze petites, ainsi qu'un calendrier et des vignettes marginales en or et en couleur, première reliure à fermoirs.
Une marge a été coupée au commencement de l'office.

119 — Livre de chœur, manuscrit in-fol. sur vélin du commencement du XIIIe siècle; il renferme quatre lettres ornées contenant des sujets de figures en or et en couleur. Belle conservation, première reliure.

120 — Autre livre de chœur, MS. in-fol. sur vélin du XIIe siècle, contenant six grandes et belles lettres ornées d'arabesques sur fond d'or bruni. Belle conservation, première reliure.

121 — Autre semblable du XIVe siècle et contenant onze grandes lettres historiées ou ornées d'arabesques en or et couleur, conservation pareille.

122 — Quatre autres semblables des XIVe et XVe siècles et d'une ornementation plus simple, même conservation.

123 — *Missale Cisterciense*, etc., *Paris, Saint-Léonard*, 1702, in-fol., fig., rel. en argent repoussé et repercé à jour.

124 — Le même, *Paris, Mariette*, 1729, pet. in-fol., fig., rel. en peau de truie avec riches fermoirs, écoinçons et armoiries d'argent gravé et repercé à jour.

125 — Le même, *Paris*, 1788, in-fol., fig., rel. en v. avec fermoirs, écoinçons et armes en argent repoussé et ciselé à jour.

126 — Le même, *Paris, David*, 1751, in-fol., fig., rel. en v., fermoirs, écoinçons et armes en argent gravé et repercé à jour.

127 — Le même; *Paris, Mabre Cramoisy*, 1669, pet. in-fol., fig., rel. en velours rouge, galons d'argent.

128 — *Pontificale romanum Clementis VIII*, etc., *Rome*, 1595, pet. in-fol., fig., rel. en velours vert, fermoirs, écoinçons et armes d'argent, ciselé et repercé à jour.

129 — *Missæ in agenda defunctorum*, etc. *Augsbourg, Labhart*, 1735, pet. in-fol., fig., rel. en peau de truie, fermoirs écoinçons et armes en argent ciselé et repercé à jour.

130 — Le même; *Paris, Mabre Cramoisy*, 1682, pet. in-fol., fig., même reliure que le précédent.

131 — Sept autres messes des morts détachées, pet. in-fol., fig., rel. simple.

TABLEAUX

132 — LUCAS KRANACK. — L'*Ecce homo*, à sa droite la Vierge et à sa gauche saint Jean. — Sur bois, cadre doré. — Haut. 33 cent., larg. 73 cent.

133 — ÉCOLE DE COLOGNE. — Deux panneaux à fond d'or, représentant des martyres de saints. — Haut. 59 cent., larg. 56 cent., cadres noirs.

134 — MÊME ÉCOLE. — Grand panneau portant la date de 1477, il renferme douze compartiments, contenant autant de scènes de la vie de sainte Marguerite. — Hauteur, 77 centimètres, largeur 13 cent.

135 — Triptyque peint sur bois, de la fin du XVIIe siècle, représentant, sur les volets, des personnages d'une profession que nous n'avons pu reconnaître, et au centre les blasons des membres de la corporation.

136 — Panneau sculpté du XVIe siècle, représentant douze scènes de la vie de Jésus-Christ. — Hauteur, 92 cent., larg. 55 cent.

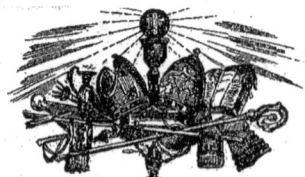

8538   PARIS. — Imp de Maulde et Renou, rue Bailleul, 9-11.

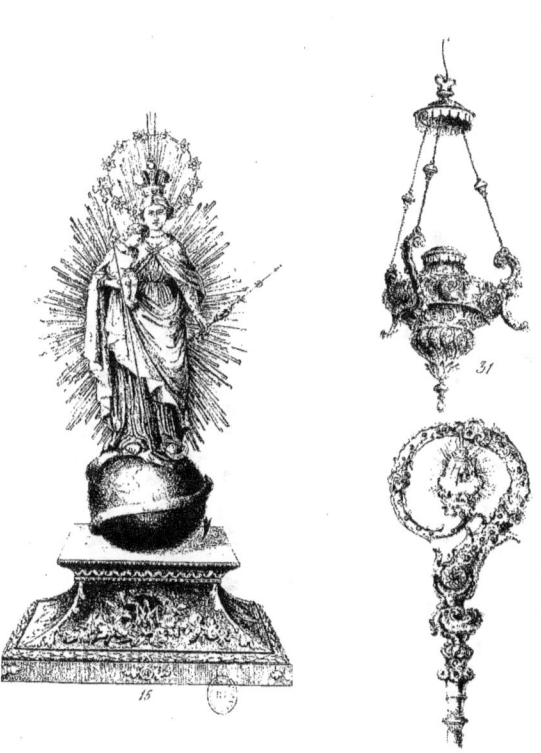
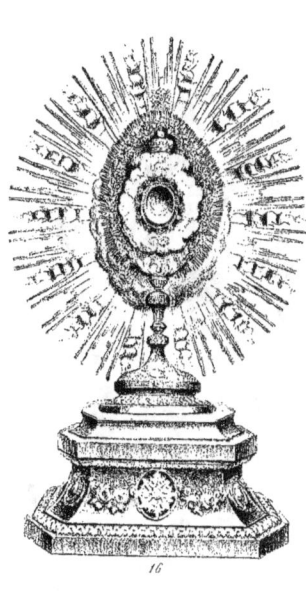

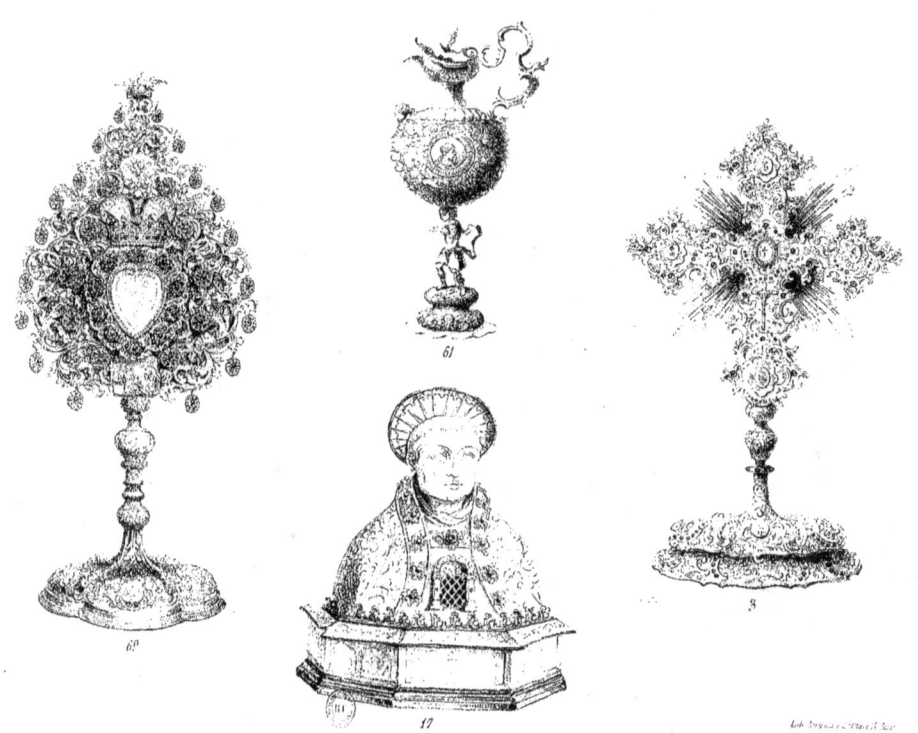

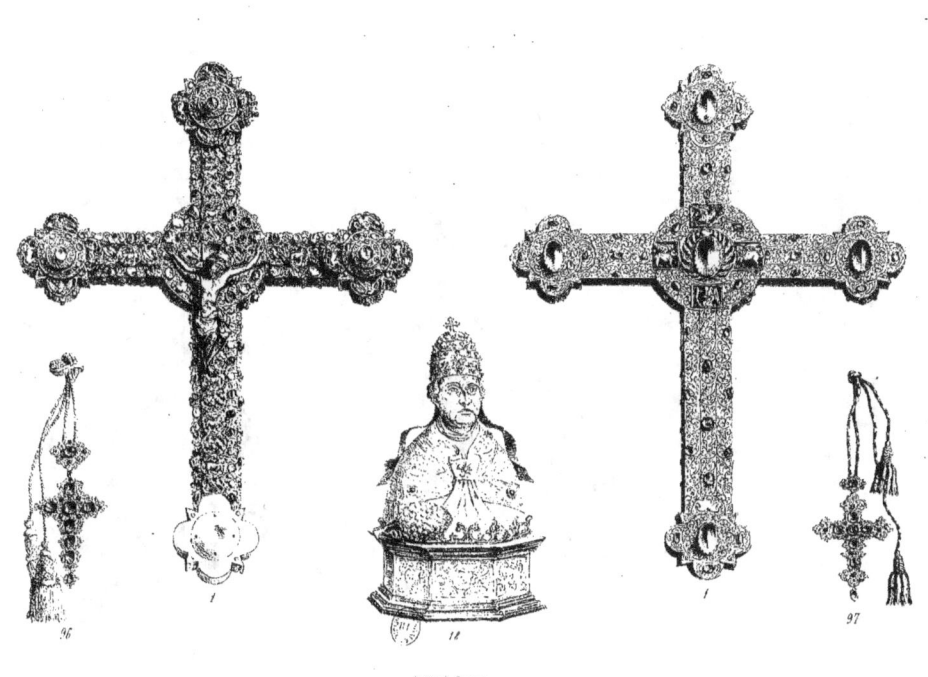

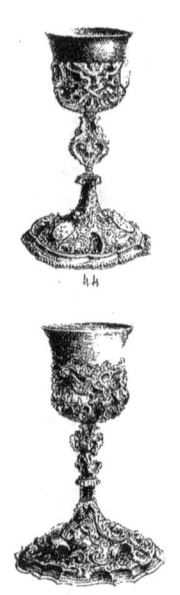
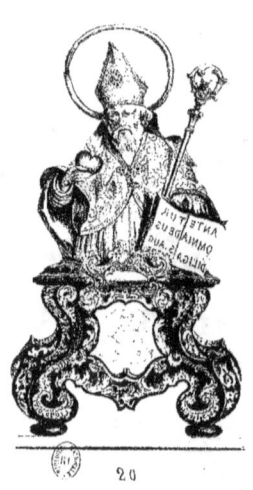
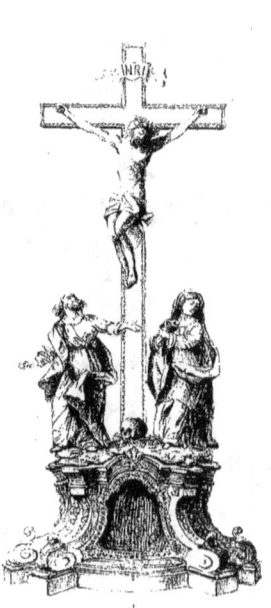

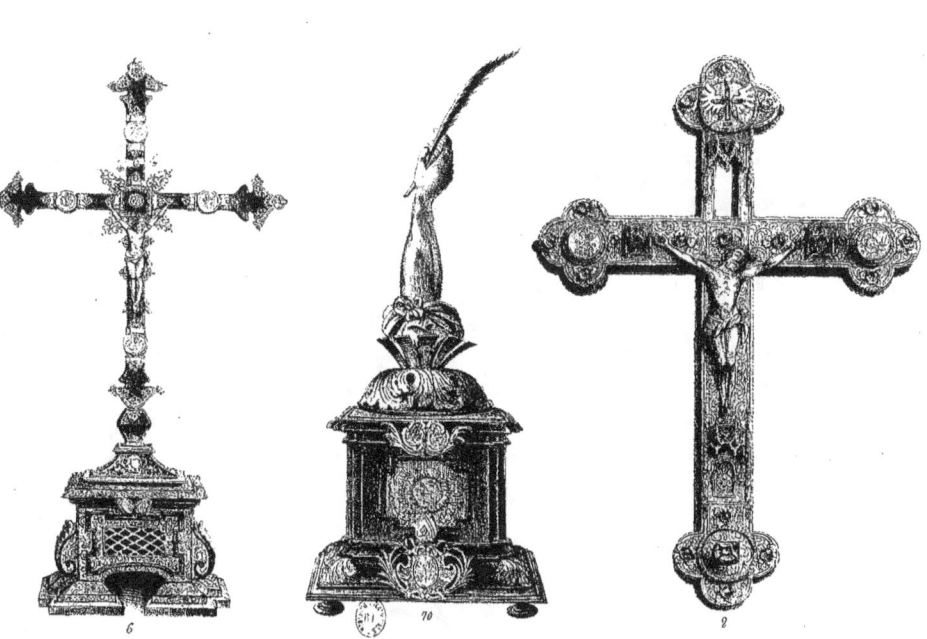

1855 — JANVIER

2ᴱ SUPPLÉMENT AU CATALOGUE DE 1851
DE
Vᵛᴱ TURGIS
10 et 12, rue Serpente, à Paris
ET A **NEW-YORK**, BROADWAY, 300

NOTA. En plus des titres espagnols qui existent sur toutes nos collections d'estampes, nous avons fait ajouter depuis peu les titres en anglais.

ARTICLES FAISANT SUITE AUX COLLECTIONS DÉJÀ PUBLIÉES

NUMÉROS D'ORDRE	SUJETS RELIGIEUX	HAUTEUR-LARGEUR centimètres		Prix EN NOIR	EN COULEUR
	ESTAMPES, SUJETS RELIGIEUX				
8	**CANON D'AUTEL** *En deux feuilles format Jésus.*				
	N° 406. **UN GRAND CANON D'AUTEL**, la mise au tombeau, lithographié en Chromo à 11 couleurs, par Thurwanger frères	44	55		10 »
	Nota. Ce Canon d'autel est un des plus beaux et des plus riches publiés.				
	DÉCOUPURES *Format Demi-Raisin.*				
12	**QUATRE PLANCHES** à 16 à la feuille, forme cintrée, saints et saintes				
	Nᵒˢ 505. Saintes. 507. Saintes.				
	506. Saints. 508. Saints.				
	Pour les prix, voir page 3 du Catalogue.				
	IMAGERIE DÉCOUPÉE EN DENTELLE				
32	Les **QUATRE PLANCHES** ci-dessus entourées de jolies dentelles de formes nouvelles			» 75	2 »
35	**CACHET DE COMMUNION** *Format Quart-Colombier.*				
	N° 716. **NOUVEAU CACHET DE COMMUNION** entouré d'une jolie bordure allégorique, gravé sur acier			» 15	» 40
	SUJETS DIVERS DE SAINTETÉ *Format Grand-Colombier bâtard.*				
40	**UNE PLANCHE, GRANDE SAINTETÉ** en buste, avec fond	57	40	1 25	2 50
	N° 5. Notre-Dame du Mont-Carmel.				

NUMÉROS d'ordre	SUJETS RELIGIEUX	HAUTEUR centimètres	LARGEUR	Prix EN NOIR		EN COULEUR	
	Format Jésus.						
46	**SUJETS DE SAINTETÉ** en hauteur, moyen format.....	44	32	»	75	1	50

Nos 44. Jésus de Nazareth.
45. N.-D. du Mont-Carmel, en buste.
46. Jésus descendu de la Croix.
47. Notre-Dame du Rosaire, entourée des 15 mystères.
48. Sainte Catherine.
49. La Sainte-Trinité.
50. Jésus-Marie-Joseph.
51. Sainte Marie, mère de Dieu.
52. Saint François de Paule.
53. Saint Augustin.
54. Saint François d'Assise.
55. Saint Pierre, en buste.
56. Mater Amabilis.
57. Sainte Germaine Cousin.
58. L'ange Raphaël.
59. L'Ascension.

47	**LA SAINTE BIBLE**, six sujets en travers, tirés de l'Ancien Testament.....	31	45	»	75	1	50

Nos 13. Isaac bénit Jacob.
14. Joseph vendu par ses frères.
15. Moïse fait jaillir l'eau du rocher.
16. Tobie, rend la vue à son père.
17. Job sur son fumier.
18. Daniel dans la fosse aux lions.

Format Demi-Colombier.

50	**SUJETS** lithographiés d'après les **Grands Maîtres**......	32	25	»	50	1	50

Nos 19. Laissez venir à moi les petits enfants. (Overbeck.)
20. Saint Antoine de Padoue. (Murillo.)
21. Notre-Dame de Béthléem. (Van-Dick.)
22. Mater Dei. (A. Solari.)
23. Vierge à la Chaise. (Raphaël.)
24. Salvator Mundi (Christ en croix.)
25. Immaculée Conception. (Murillo.)

SAINTETÉS AVEC BORDURES OR

55	à 1 sur la feuille, format quart-colombier........	33	23	»	25	»	50

Nos 127. Ecce homo.
128. Mater dolorosa.
129. Immaculée Conception.
130. id. id.
131. Saint Joseph, en pied.
132. Saint Antoine de Padoue, en pied.
133. Saint Jacques.
134. Saint Roch.
135. Saint François de Paule.
136. Saint François d'Assise.
137. Sainte Catherine.
138. Sainte Barbe.
139. Sainte Lucie.
140. Sainte Rita de Caccia.
141. Saint Jean-Baptiste, en pied.
142. Saint Jérôme.
143. Notre-Dame du Mont-Carmel, avec les âmes du Purgatoire.
144. Le Calvaire.
145. Saint Jean de la Croix.
146. Saint Jean de Dieu.
147. Notre-Dame de la Merci, en buste.
148. id. du Rosaire, id.
149. Saint Antoine de Padoue, en buste.
150. Saint Louis de Gonzague, id.

56	à 2 à la feuille, format demi-raisin........	25	18	»	30	»	60
	TREIZE PLANCHES NOUVELLES. Pour le détail voir au N° d'ordre 62.						
57	à 4 à la feuille, format demi-raisin.......	19	14	»	30	»	60
	DOUZE PLANCHES NOUVELLES. Pour le détail voir au N° 63.						

ARTICLES D'EXPORTATION
Format Quart-Colombier.

58	**SAINTETÉS** en pied, lithographiées par divers......	28	22	»	15	»	25

Nos 229. Saints Crépin et Crépinien.
322. Jésus mis au tombeau.
323. Jésus descendu de la Croix.
324. La Passion de N.-S. Jésus-Christ.
325. Saint Eugène.
326. Notre-Dame des Naufragés.
327. id. de Nazareth.
328. Sainte Amélie.
329. Sainte Marina.
330. Saint Octave.
331. Jésus entre les deux larrons.
332. Sainte Eugénie.
333. Saint Jules.
334. La Flagellation.
335. Saint Martial.
336. Saint Léon.

59	**SAINTETÉS** en buste, lithographiées par divers...	28	22	»	15	»	25

Nos 127. Sacré Cœur de Jésus, en carré avec fond.
128. Saint Cœur de Marie, id.
129. N.-D. de Béthléem (N. S. de Belen).
130. Saint François d'Assise.
131. San Ramon-Nonato.
132. Ecce homo, en carré avec fond.

62	**SAINTETÉS** à 2 à la feuille........	20	15	»	15	»	25

Nos 71. Ecce homo — Mater dolorosa.
72. Immaculée Conception, deux fois.
73. Saint Joseph. — Saint Antoine de Padoue, en buste.
74. Saint Jacques. — Saint Roch.
75. Saint François de Paule. — Saint François d'Assise.
76. Sainte Catherine — Sainte Barbe.

N°	ESTAMPES ET LITHOGRAPHIES DIVERSES	HAUTEUR	LARGEUR	Prix EN NOIR	Prix EN COULEUR
		centimètres			
63	77. Sainte Lucie. — Santa Rita de Caccia. 78. Sainte Véronique. — Sainte Hélène. 79. Saint Jean-Baptiste. — Saint Jérôme. 80. Notre-Dame du Mont-Carmel. — Le Christ sur le Calvaire. 81. Saint Jean de la Croix. — Saint Jean de Dieu. 82. Notre-Dame de la Merci. — Notre-Dame du Rosaire, en buste. 83. Saint Antoine de Padoue. — Saint Louis de Gonzague, en buste. **SAINTETÉS** à 4 sur la feuille. N°s 40. Christ aux anges. — Jésus meurt sur la Croix. — Jésus rédempteur. — Le Calvaire. 41. Vierge au raisin. — N.-D. des Douleurs. — Vierge à la chaise. — Mater Dei. 42. Les quatre évangélistes. 43. Saint Jean-Baptiste. — Saint Roch. — Saint Joseph. — Saint Antoine de Padoue. 44. Le Calvaire. — Couronnement de la Vierge. — Jésus à la colonne. — Jésus de Nazareth. 45. Saint Henri. — Saint Ferdinand. — Saint Christophe. — Saint Manuel. 46. Sainte Lucie. — Santa Rita de Caccia. — Sainte Madeleine. — Sainte Hélène. 47. N.-D. du refuge. — N.-D. du Mont-Carmel. — N.-D. des sept Douleurs. — N.-D. de Bon Secours. 48. Sainte Catherine. — Sainte Jeanne. — Sainte Marguerite. — Sainte Élisabeth. 49. Saint Raphaël. — Saint François-Xavier. — Saint Jacques. — Saint Georges. 50. Reine des anges. — Annonciation. — Médaille miraculeuse, deux fois. 51. Le petit saint Jean. — Sauveur du monde. — Véritables portraits de Jésus et de Marie.	14	10	» 15	» 25

ESTAMPES ET LITHOGRAPHIES DIVERSES

(Suite des Articles d'Exportation.)

Format Quart-Colombier.

N°		H	L	Noir	Couleur
64	**SUJETS D'HISTOIRE**. . . . . N° 72. Don Juan d'Autriche, 4 sujets.	22	30	» 15	» 25
66	**PORTRAITS**. . . . . N°s 30. Napoléon III, empereur des Français, en pied. 31. L'impératrice des Français, en pied. 32. L'empereur Napoléon III, à cheval.	28	22	» 15	» 25

VUES ET MARINES

Format Jésus.

N°		H	L	Noir	Couleur
100	**PORTS DE MER D'EUROPE**, imprimés à 2 teintes. . . . . . . Les mêmes coloriés en rehauts. . . . . N°s 27. Anvers. 29. Boulogne. 28. Ancône. 30. Calais.	32	45	1 » »	3 » 4 50

NOUVELLES COLLECTIONS

CHEMIN DE CROIX

Format Grand-Monde.

N°		H	L	Noir	Couleur
250	**UN TRÈS-GRAND ET BEAU CHEMIN DE CROIX** (dit la **Rédemption**), lithographié d'après les dessins de E. Wattier.	64	86	35 »	70 »
	NOTA. Ce Chemin de Croix, l'un des plus grands publiés, convient parfaitement pour l'ornementation des églises spacieuses. Il s'imprime sur toile pour être peint à l'huile.				

IMAGERIE DÉCOUPÉE EN DENTELLE

N°		H	L	Noir	Couleur
251	**UNE DENTELLE EN GÉLATINE TRANSPARENTE**, représentant les **DEUX CŒURS DE JÉSUS ET DE MARIE**, entourés d'une jolie bordure en or et gaufrée, avec prières en français ou anglais dans l'intérieur.				4 50

NUMÉROS D'ORDRE	COLLECTIONS NOUVELLES	HAUTEUR	LARGEUR	Prix		
		centimètres		EN NOIR		EN COULEUR	

SUJETS DIVERS DE SAINTETÉ
Format Grand-Aigle.

252	**UN TRÈS-GRAND SUJET**, gravé à la manière noire, par Tony, d'après Dubufe. **JÉSUS AU JARDIN DES OLIVIERS**...............	54	68	6	»	15	»

SUJETS DE GENRE ET D'HISTOIRE
Format Quart-Colombier.

253	**LES JEUNES FILLES**. Douze jolis groupes de têtes, dessinés et lithographiés par Vallou de Villeneuve...............	30	26	»	25	»	50

N°s 1. La demande en mariage.   7. Le bonnet de la grand'mère.
2. Le bouquet de mariée.   8. Les lunettes de la grand'tante.
3. Le cadeau du fiancé.   9. Les deux amies.
4. Les regrets.   10. Les deux rivales.
5. Le secret.   11. L'intrigue.
6. Les cancans.   12. Le billet doux.

Format Demi-Colombier.

254	**LE CHATEAU DE KENILWORTH**, 6 scènes tirées du roman de Walter-Scott, dessinées et lithographiées par A. Devéria...............	33	25	»	50	1	50

N°s 1. Leicester et Amy Robsart.
2. Raleigh étend son manteau sous les pieds d'Élisabeth.
3. Fuite d'Amy Robsart du château de Cumnor-Place.
4. Élisabeth achève le distique de Raleigh.
5. Élisabeth et Amy Robsart dans la grotte.
6. Élisabeth se croit trahie par Leicester.

255	**LES FEMMES DE HENRY VIII**, 6 sujets composés et lithographiés par A. Devéria...............	33	25	»	50	1	50

N°s 1. Jugement d'Anne de Boleyn.
2. Mort de Jeanne Seymour.
3. Exécution de Catherine Howard.
4. Divorce de Henri VIII et d'Anne de Clèves.
5. Sang-froid de Catherine Parr.
6. Divorce de Henri VIII et de Catherine d'Aragon.

256	**LES AMOURS COSMOPOLITES**, collection de 30 compositions gracieuses scènes de mœurs de tous pays, dessinées et lithographiées par A. Devéria........	33	25	»	50	1	50

N°s 1. Écossais.
2. Espagnols.
3. Indiens.
4. Grecs.
5. Turcs.
6. Napolitains.
7. Chinois.
8. Arabes du désert.
9. Une Péruvienne et un Espagnol.
10. Un Californien et une jeune Espagnole.
11. Mexicains.
12. Polonais.
13. Bretons.
14. Tyroliens.
15. Suisses.
16. Anglais.
17. Vénitiens.
18. Allemands.
19. Parisiens.
20. Andalous.
21. Lithuaniens.
22. Persans.
23. Canadiens.
24. Circassiens.
25. Smyrne.
26. Duché de Gênes.
27. Prusse.
28. Ile Bourbon.
29. Tunis.
30. Ile d'Ischia.

257	**HISTOIRE DE DON JUAN**, 8 scènes tirées du poëme de lord Byron, dessinées et lithographiées par Maurin...............	26	32	»	50	1	50

N°s 1. Naufrage de don Juan.
2. Don Juan et Haidée dans la grotte.
3. Retour de Lambro.
4. Séparation de don Juan et d'Haidée.
5. Élèvement d'Elvire.
6. Don Juan et Elvire.
7. Don Juan, Mathurino et Charlotte.
8. Don Juan et Claudine.

258	**HISTOIRE D'ATALA ET CHACTAS**, 6 sujets tirés du roman de Chateaubriant, lithographiés par Maurin, d'après Chasselat........	26	36	»	50	1	50

N°s 1. Atala délivre Chactas.
2. Fuite d'Atala et de Chactas.
3. Chactas refuse de fuir sans Atala.
4. Atala et Chactas surpris par l'orage.
5. id. secourus par le père Aubry.
6. Mort d'Atala.

259	**LES CAPITALES**, 6 scènes de mœurs, dessinées et lithographiées par Maurin..	20	27	»	50	1	50

N°s 1. Madrid. (Danse espagnole.)
2. Pékin. (1re entrevue d'un mandarin et de sa fiancée.)
3. Constantinople. (Esclave infidèle.)
4. Rome. (Raphaël et la Fornarina.)
5. Alger. (Vente d'esclaves.)
6. Mexico. (Famille surprise par des lions.)

NUMÉROS D'ORDRE	COLLECTIONS NOUVELLES	HAUTEUR (centimètres)	LARGEUR (centimètres)	Prix EN NOIR	Prix EN COULEUR
	Format Demi-Grand Colombier.				
260	**HISTOIRE DE SIR RICHARD KENNETH**, 4 sujets tirés du Talisman de W. Scott, lithographiés par L. Noël, d'après Chasselat.	26	37	» 50	1 50
	N°s 1. Sir Kenneth dans la tente de Bérengère. 2. Bérengère demande la grâce de sir Kenneth. 3. Richard présente à Bérengère son ménestrel Blondel. 4. Sir Kenneth reconnu pour le prince royal d'Écosse.				
261	**HISTOIRE DE NAPOLÉON**, 4 sujets lithographiés par H. Lecomte, d'après Jaudelle.	26	37	» 50	1 50
	N°s 1. Napoléon à Orgon. 2. id. à Lonado. 3. Napoléon en Syrie. 4. id. à la Moskowa.				
262	**LE PARADIS TERRESTRE**, 6 compositions gracieuses. Tableaux de genre. Scènes de mœurs de différents pays, lithographiés par Régnier, d'après C. Mès. Imprimés à 2 teintes avec bordure arabesque en or.	25	38	1 50	3 50
	Les même coloriés en rehauts.				2 »
	N°s 1. Amour divin. 2. id. maternel. 3. Amour paternel. 4. id. fraternel. 5. Amour. 6. id. conjugal.				
	Format Jésus.				
263	**LES PEINTRES CÉLÈBRES**, 4 jolis sujets composés et lithographiés par A. Devéria.	37	29	1 »	4 »
	N°s 1. Le Titien et sa maîtresse. 2. L'Arioste. 3. Raphaël peignant la Vierge à la chaise. 4. Salvator Rosa arrêté par des brigands.				
264	**HISTOIRE DE WASHINGTON**, 4 sujets de la guerre de l'indépendance aux Etats-Unis, dessinés par C. Mès et lithographiés à 2 teintes.	32	45	1 »	4 »
	Les mêmes coloriés en rehauts.				2 »
	N°s 1. Premier succès des Américains à Boston. 2. Révolte des troupes de Washington. 3. Indiens chauds. 4. Prises de Yorktown.				
	VUES				
	Format Jésus.				
265	**VUES DES PRINCIPALES CAPITALES DU GLOBE**, dessinées d'après nature par Chapuy etc. Imprimées à 2 teintes.	32	45	1 »	3 »
	Les mêmes coloriées en rehauts.				1 50
	N°s 1. New-York, vue du palais de Cristal. 2. Rome, vue générale.				
	PORTRAITS				
	Format Demi-Colombier.				
266	**DEUX BEAUX PORTRAITS** en pied, dessinés par C. Mès et lithographiés à 2 teintes par F. Courtin.	37	26	» 75	1 50
	N°s 1. Napoléon III, empereur. 2. L'impératrice des Français.				
	OEUVRE-VALÉRIO				
	Format Demi-Jésus.				
267	**JEUX ET RÉCRÉATIONS DE L'ENFANCE**, 12 sujets gracieux, composés et lithographiés par Th. Valério. Imprimés à 2 teintes, rehaussés de couleurs.	23	18	» »	» 75
	N°s 1. La Corde. 2. Le Cerceau. 3. La leçon de Tambour. 4. L'Equitation. 5. L'Escarpolette. 6. Le Château de cartes. 7. La Poupée. 8. Les Quilles. 9. Le petit Artilleur. 10. Les Bulles de savon. 11. La Bascule. 12. La Glissade.				
268	**PREMIÈRES ÉTUDES DE GENRE** 24 planches à plusieurs motifs sur la feuille, figures, animaux etc., dessinés d'après nature.			» 50	
	Les mêmes imprimés à 2 teintes.			» 75	
269	**ÉTUDES CHOISIES** à l'usage des peintres de genre, 24 planches dessinées d'après nature. Imprimées à 2 teintes, rehaussées de couleurs.	25	20	» 75	
	N°s 1. Pêcheur de Capri. 2. L'attente. 3. Le pauvre pèlerin. 4. La petite mendiante.				

N° d'ordre	COLLECTIONS NOUVELLES	Hauteur	Largeur	Prix en noir	Prix en couleur
		centimètres			
	N°s 5. La piété. 6. La musique. 7. Le retour des champs. 8. La conversation. 9. L'ermite en tournée. 10. Le départ pour l'église. 11. Les apprêts pour la fête. 12. Le repos. 13. L'essaim (Alsace). 14. Prière à la Vierge (forêt Noire). — N°s 15. Le chevrier (Tyrol). 16. Les petits voyageurs (Istrie). 17. Sansonnet mignon. 18. Le dîner du matelot. 19. Le repos du guide (Tyrol). 20. Les enfants du fermier. 21. Le retour de la moisson. 22. Souvenir d'Istrie. 23. La jeune mère (forêt Noire). 24. Pêcheurs des côtes de la Dalmatie.				
	Format Demi-Colombier.				
270	**NOUVELLES ÉTUDES DE CROQUIS**, 24 planches pour servir à l'étude de l'aquarelle et du dessin à la mine de plomb. Imprimées à 2 teintes, rehaussées de couleurs..........	32	23		4 25
	N°s 1. Le conte de fées. 2. Le bénédicité. 3. Souvenir de la route d'Isola à Pirano. 4. id. de Chioggia. 5. Le départ pour le marché. 6. Le vieux garde-chasse. 7. Garde à vous ! 8. Le petit musicien. 9. Dieu vous bénisse. 10. Le bon jardinier. 11. Lecture pieuse. 12. L'école buissonnière. — N°s 13. Le père nourricier. 14. Souvenir du Tyrol italien. 15. Les enfants du château. 16. id. de la chaumière. 17. Le départ du pays. 18. La prière pour les absents. 19. Les apprentis forgerons. 20. L'espiéglerie. 21. La petite lavandière. 22. Les bons amis. 23. Les petits pêcheurs d'écrevisses. 24. Les petits jardiniers.				
	Format Raisin.				
271	**COMPOSITIONS DE GENRE** pour l'étude du dessin à la mine de plomb et à l'aquarelle. 12 planches imprimées à 2 teintes, rehaussées de couleurs.....	37	29		1 50
	N°s 1. Le voile. 2. L'ex-voto. 3. Le Far-niente. 4. Les petits mariés. 5. Le convalescent. 6. Les petits maraudeurs. 7. Le chant des Alpes. — N°s 8. Les vacances. 9. Petits ! Petits ! 10. Ah! petits grodins. 11. Intérieur d'une salle d'asile à Aglié (filles). 12. Intérieur d'une salle d'asile à Aglié (garçons).				

ÉTUDES DE PAYSAGES
Format Demi-Raisin.

272	Trente planches **ÉTUDES DE PAYSAGES** à plusieurs sujets sur la feuille, dessinés et lithographiés par H. Vanderburch......			» 25	

ÉTUDES D'ANIMAUX
Format Demi-Raisin.

273	Vingt planches **ÉTUDES DE CHIENS** de toutes races, à 2 sur la feuille, dessinées et lithographiées par Francis......			» 30	» 75

ÉTUDES D'ORNEMENTS
Format Quart-Colombier.

274	**NOUVELLE COLLECTION D'ORNEMENTS** appliqués aux arts et manufactures ; rosaces, bordures, frises, plafonds, châles, tapis, etc. à l'usage des graveurs, peintres, sculpteurs, dessinateurs sur étoffes, etc., et pour l'ornementation en général, 36 planches dessinées et gravées par C. E. Clerget. Imprimées sur papier de Chine..........			» 60	

MODÈLES DE PISTOLETS
Format Demi-Colombier.

275	Une planche contenant **DEUX PISTOLETS**, ciselure riche, gravés par Riester (admis à l'exposition de Londres).....			1 50	

NUMÉROS D'ORDRE	COLLECTIONS NOUVELLES	HAUTEUR	LARGEUR	Prix EN NOIR	EN COULEUR
		centimètres			
	ALBUMS				
276	Deux albums **ÉTUDES DE CHIENS**, composés chacun de vingt feuilles, dessinés et lithographiés par Francis. Chaque.	18	31	2 50	5 »
	CARTE GÉOGRAPHIQUE				
277	Une très-belle carte de l'**ILE DE CUBA**, ornée d'une vue de la Havane et des plans de la Havane et de Porto-Rico, dressée par A. Wuillemin. Au lieu de 3 fr. . . .	54	73		2 »
	PUBLICATIONS RELATIVES A LA GUERRE D'ORIENT Format Demi-Jésus.				
278	L'**ALBUM DE LA GUERRE D'ORIENT**, collection de sujets à 4 sur la feuille : batailles, combats navals, scènes militaires, épisodes, costumes etc., dessinés et lithographiés, à 2 teintes, par C. Mès, Saint-Aulaire, etc., la feuille.	12	21	» 75	1 50
	Format Demi-Colombier.				
279	**DEUX SUJETS COMIQUES**, scènes de la vie militaire en Orient, dessinés et lithographiés par C. Mès, imprimés à 2 teintes. . . . . Nos 1. Un conseil utile. Nos 2. Un enseignement agréable.	21	31	» 50	1 »
	BATAILLES Format Demi-Colombier.				
280	**ÉPISODES DE LA DÉFENSE DE SILISTRIE**, 2 sujets composés et lithographiés par C. Mès, imprimés à 2 teintes. . . . . Nos 1. Silistrie. 29 mai au matin. Nos 2. Silistrie, 29 mai au soir.	20	31	» 50	1 »
281	**DEUX BATAILLES**, composées et lithographiées par Ch. Vernier, imprimées à 2 teintes. . . . . Nos 1. Victoire de Dargo. Nos 2. Défense de Silistrie.	20	31	» 50	1 »
	Format Jésus.				
282	**QUATRE GRANDES BATAILLES**, composées et lithographiées par Rivoulon, Thurwanger frères etc., imprimées à 2 teintes. . . . . Nos 1. Défense héroïque de Silistrie. Nos 3. Bataille de l'Alma. 2. Déroute des Russes à Giurgevo. 4. id. d'Inkermann.	32	45	1 »	2 »
	FAITS MARITIMES Format Jésus.				
283	**HUIT COMBATS NAVALS ET MARINES**, dessinés et lithographiés à teintes dégradées, par Morel-Fatio, Saint-Aulaire, etc. . . . . Nos 1. Bombardement d'Odessa. Nos 5. Vue de Kronstadt. 2. Perte du Tiger sous Odessa. 6. id. de Sébastopol. 3. Expédition dans la rivière d'Ekness. 7. Prise de Bomar-Sund. 4. Désastre de Sinope. 8. Bombardement de Sébastopol.	30	48		2 »
284	**UN GRAND SUJET**, composé et lithographié par Thurwanger frères, imprimé à 2 teintes. . . . . Conseil tenu à Varna (par les généraux des armées alliées).	37	48	1 »	2 »
	PORTRAITS Format Demi-Jésus.				
285	Collection de portraits des **HOMMES DE LA GUERRE D'ORIENT**, dessinés et lithographiés par Maurin, E. David, F. Courtin, etc., imprimés à 2 teintes. . . Nos 1. Abdul-Medjid. Nos 4. Paskowitch. 2. Nicolas Ier. 5. Omer-Pacha. 3. Schamyl. 6. Saint-Arnaud.	37	26	» 50	1 »

NUMÉROS	COLLECTIONS NOUVELLES	HAUTEUR	LARGEUR	Prix	
		centimètres		LE NOIR	EN COULEUR
	Nos 7. Sir Charles Napier. Nos 13. L'Impératrice des Français. 8. Hamelin. 14. Canrobert. 9. Lord Raglan. 15. Le prince Napoléon. 10. Le duc de Cambridge. 16. La reine d'Angleterre. 11. Baraguey-d'Hilliers. 17. L'empereur d'Autriche. 12. L'empereur Napoléon III. 18. Le général Bosquet.				
	Format Jésus.				
286	**PRINCIPAUX PERSONNAGES** de la guerre d'Orient, une planche contenant, groupés, les portraits des chefs des quatre puissances et ceux de leurs généraux et amiraux, imprimés à deux teintes.	29	42	4 »	2 »
	ALBUMS				
287	**L'ALBUM DE LA GUERRE D'ORIENT**, recueil de batailles, combats navals, scènes militaires, épisodes, costumes etc., dessinés et lithographiés par C. Mès Saint-Aulaire etc., imprimé à 2 teintes.	16	26		
	CARTES GÉOGRAPHIQUES				
	Format Demi-Colombier.				
288	**PLAN DE KRONSTADT**, vue à vol d'oiseau de l'île Kotline, du port de Kronstadt et du golfe de Finlande, jusqu'à Saint-Pétersbourg, gravé sur acier.	32	45	»	40
	Format Colombier.				
289	**CARTE COMPLÈTE DU THÉÂTRE DE LA GUERRE**, illustrée de portraits, costumes etc.	48	75	»	60
290	**DEUX BELLES CARTES** pour suivre la marche des opérations militaires dans les mers Noire et Baltique, dressées par Picard, gravées sur acier.	54	49	1	»
	Nos 1. Carte de la mer Noire, avec les plans de Sébastopol et Odessa, et ornée d'une belle vignette représentant les costumes et pavillons des quatre nations. Nos 2. Carte de la mer Baltique, avec les plans de Saint-Pétersbourg, Kronstadt, Helsingfords et Sweaborg.				

PARIS. — DE SOYE ET BOUCHET, IMPRIMEURS, 2, PLACE DU PANTHÉON.

www.ingramcontent.com/pod-product-compliance
Lightning Source LLC
Chambersburg PA
CBHW030104230526
45471CB00003B/1246